Diario de un hombre de cincuenta años

los **INTE MPEST IVOS**

HENRY JAMES

Diario de un hombre de cincuenta años

Traducción de Blanca Salvado

EDITORIAL FUNAMBULISTA

La insondable levedad del ser

(prólogo)

Max Lacruz Bassols

Acabada de escribir el 17 de enero de 1879, esta deliciosa novela corta de Henry James titulada *Diario de un hombre de cincuenta años* fue la primera obra que el autor publicó simultáneamente a ambos lados del Atlántico, cosa que, por lo visto, le causó gran alegría. James tenía entonces treinta y cinco años.

A decir verdad, la obra pasó relativamente inadvertida, eclipsada por obras mayores como *Daisy Miller* o *El americano*, y su biografía de *Hawthorne*, que, por cierto, levantó enormes protestas patrióticas en su país natal, los Estados Unidos.

Sin embargo, para un crítico británico de la *Westminster Review*, la obra podía considerarse una «auténtica novela en miniatura»; no hay que olvidar, en este sentido, que durante toda su vida James utilizaría los relatos y las novelas cortas como taller para sus novelas de mayor calado.

Así, algunos de los temas que se desarrollan en esta novela corta, como los interrogantes sobre la virtualidad del ser, la nostalgia y los engaños de la imaginación y el presentimiento de aventuras negativas, se hallarán presentes asimismo en una novela tan capital como *Los embajadores* (1903) o en varios relatos de la última época.

Ya en sus *Cuadernos*, que son una auténtica matriz de toda la producción jamesiana, el autor había anotado un esbozo de novela parecida a ésta, en el que el protagonista trata de poner en guardia a su alter ego, abriéndole los ojos acerca de lo que le podría suceder en su relación amorosa. El tema del doble, de la repetición de los destinos, de la fatalidad, se convierten pues en las premisas de las que dimana la propia trama, tanto en este esbozo de novela proyectada como en la novela corta que nos ocupa. Nos lo cuenta el propio James en sus *Cuadernos*:

«Siempre he pensado que la siguiente situación tenía mucho interés: un hombre de cierta edad, que ha vivido y reflexionado sobre la vida, ve reproducirse ante sus ojos una situación de su juventud, y está dividido entre su curiosidad —que lo inclina a observar cómo va a desarrollarse en ese caso particular— y su instinto —que lo empuja a intervenir, a la luz de su experiencia, en beneficio de los interesados—...»

En el texto que hoy publicamos, la figura femenina dual de madre e hija, descritas como hechiceras, nos remite a la imagen de mujer falta de escrúpulos que hallamos, por ejemplo, en las interrogaciones del Winterbourne de *Daisy Miller* .

Por otro lado, al narrador de una de las primeras novelas de James ya le atormentaban las disyuntivas tipo: «¿Era conmovedoramente sincera o bien todo en ella era una pura coquetería insondable?».

Y es que la referencia a estas dudas sobre la naturaleza femenina en este texto que hoy se traduce (y primorosamente) por primera vez al español va más allá de la mera reencarnación de las perplejidades masculinas frente a los enigmas femeninos. Cabe leer este *Diario* , en cierto modo, como la cristalización (dentro en una historia llevada al extremo), de todas las obsesiones del autor por lo que se esconde en el alma de las mujeres.

El narrador del *Diario de un hombre de cincuenta años* está muy cerca del propio James; éste sitúa lo esencial de la obra en los mismos lugares en que iniciara la redacción de varias de sus primeras novelas: Florencia e Italia en general. El texto recoge numerosos ecos de sus estancias florentinas. Al sobreponer dos nostalgias, una real y otra ficticia, James lleva a cabo un curioso trenzado entre lo recordado y lo imaginario, que la voz en primera persona del narrador no hace sino acentuar.

Al proyectarse a sus 35 años en un quicuagenario, James parece querer plantearse las consecuencias de algunas de sus elecciones existenciales, como por ejemplo la de la soltería, que tantos análisis y conjeturas ha generado entre los estudiosos del autor. Así, justamente en 1878, al enterarse de la boda de su hermano William, le escribiría: «Hace mucho que quería verte casado; creo tanto en el matrimonio para la mayoría de la gente como lo considero inadecuado para mí mismo...».

El «yo» que en el relato intenta hacer una introspección de su vida ya da a entender, en la confusión de voces que sustenta la forma narrativa, cuáles eran las auténticas preocupaciones de un autor para quien la única verdadera vida era la de la creación artística.

Y es que dándole una vez más la palabra a James: «En verdad, todos los seres están incompletos en la vida, y sólo el arte puede responder, reproduciéndolo, al deseo de cada cual de verse completado, de verse, en cierto, modo justificado».

El libro que el lector tiene en sus manos es pues algo más que una curiosidad jamesiana, tal vez sea incluso uno de los relatos más íntimamente autobiográficos del genial escritor, considerado hoy unánimemente uno de los *padres* de la novela moderna.

Diario de un hombre de cincuenta años

Florencia, 5 de abril de 1874

Me dijeron que encontraría Italia enormemente cambiada; y en veintisiete años hay mucho espacio para los cambios. Pero para mí todo sigue tan perfectamente igual que tengo la sensación de estar viviendo mi juventud de nuevo; vuelven a mí todas las impresiones olvidadas de aquellos encantadores tiempos. Impresiones que en aquel entonces eran lo bastante fuertes, pero que después se han ido atenuando. ¿Qué diablos les pudo ocurrir? ¿Qué devienen semejantes cosas durante los largos intervalos de la consciencia? ¿En qué lugar se esconden? ¿En qué abandonados armarios y grietas de nuestro ser se conservan? Son como las líneas de una carta escrita con tinta simpática; si se acerca la carta al fuego unos breves instantes, el agradecido calor hará aparecer las palabras invisibles. Es el calor de este sol amarillo de Florencia el que ha empezado a recomponer el texto de mi propio amor de juventud; todo se ha presentado hoy ante mí cual página clara, recién hecha. En los últimos diez años ha habido momentos en los que me he sentido tan portentosamente viejo, tan rendido y acabado, que la menor sugerencia de que semejante sensación de juventud aún pudiera estar esperándome me habría parecido un chiste muy malo. De todas formas no durará mucho; más vale entonces que le saque el mayor partido posible. Pero debo confesar que me ha sorprendido. He llevado una vida demasiado seria; después de todo, quizás sea eso mismo lo que preserve la propia juventud. Sin lugar a dudas he viajado demasiado, trabajado demasiado duro, he vivido bajo climas rigurosos y me he relacionado con gente aburrida. Cuando un hombre llega a los cincuenta y dos años sin que se le vea muy deslucido —cuando goza de buena salud, buena fortuna, una conciencia limpia y una ausencia total de parientes embarazosos—, supongo que está obligado, si posee sentido de la delicadeza, a describirse a sí mismo como feliz. Pero confieso que yo prefiero esquivar dicha obligación. No he sido desdichado, no diría tanto; o al menos no escribiría tanto. Pero *felicidad,* lo que se dice auténtica felicidad, hubiera sido algo diferente. No sé si hubiera sido mejor, en todos los sentidos; no sé si me hubiera dejado en una mejor posición que ésta en la que me encuentro ahora. Pero ciertamente hubiera supuesto una diferencia en lo siguiente: no me hubiera visto reducido, en mi búsqueda de imágenes agradables, a desenterrar un episodio ocurrido hace más de un cuarto de siglo. Hubiera encontrado entretenimientos más —¿cómo los llamaría?— más contemporáneos. Hubiera tenido mujer e hijos, y no hubiera estado camino de cometer, como dicen los franceses, infidelidades para con el presente. Por supuesto que ha sido un gran beneficio el haber podido salir bien parado, el no haber cometido una descomunal locura; y supongo que cualesquiera que sean las graves decisiones que uno tenga que tomar a los veinticinco años, tras mucha lucha y con un violento esfuerzo, y a pesar de que la conducta de uno parezca estar justificada por los acontecimientos, siempre queda una parte de pesar, una ligera sensación de pérdida acechando la sensación de ganancia; la tendencia a preguntarse, un poco ilusoriamente, lo que *podría* haber sido. Lo que podría haber sido, en este caso, hubiera sido sin duda ninguna muy triste, y lo que realmente ha sido, ha sido muy alegre y confortable. Sin embargo, aún hay dos o tres preguntas que podría hacerme a mí mismo. Por qué, por ejemplo, nunca me he casado; ¿por qué nunca he sido capaz de interesarme por ninguna mujer como me interesó aquélla? Ah, ¿por qué son las montañas azules y la luz del sol caliente? Felicidad mitigada por impertinentes conjeturas: tal es mi suerte.

6 de abril

Sabía que no duraría; ya está desapareciendo. Pero he pasado una jornada deliciosa, paseando por todas partes. Todo me recuerda otra cosa, y al mismo tiempo a sí misma; mi imaginación efectúa un largo recorrido para acabar volviendo al punto de partida. Está ese olor a primavera en el aire que recuerdo tan bien, y las flores, tal cual solían estar, reunidas en grandes gavillas y montones, rodeando la rugosa base del Palacio Strozzi. Estuve deambulando por los Jardines Boboli durante una hora; habíamos ido allí juntos en varias ocasiones. Me acuerdo de todos aquellos días en su individualidad; parece como si hubieran sido ayer. Encontré la esquina donde ella siempre quería sentarse —el banco de mármol calentado por el sol—, frente a la pantalla de encinas, junto a la exuberante estatua de Pomona. El lugar está exactamente igual, salvo por el hecho de que la pobre Pomona ha perdido uno de sus afilados dedos. Permanecí allí sentado durante media hora, y qué extraño lo cerca de mí que ella parecía estar. El lugar estaba completamente vacío: es decir, estaba lleno de *ella*. Cerré los ojos y escuché; casi podía oír el crujido de su vestido al rozar la grava. ¿Por qué se arma tanto alboroto en torno a la muerte? ¿Qué es, después de todo, sino una especie de perfeccionamiento de la vida? Hace diez años que ella está muerta, y sin embargo, mientras permanecía allí sentado en aquella soleada quietud, su presencia era palpable, audible. Entré después en la galería del palacio y estuve deambulando durante una hora de habitación en habitación. Los mismos grandes cuadros colgaban de los mismos lugares y, formando un arco sobre ellos, estaban los mismos oscuros frescos. Antaño, dos veces fui allí con ella, que poseía un gran conocimiento del arte. Ella entendía de toda clase de cosas. Permanecí largo rato frente a la *Madona de la Silla*. El rostro no se parece ni un ápice al de ella, y sin embargo me la recordó. Pero todo lo hace. Una vez permanecimos en pie mirando juntos ese cuadro durante media hora; recuerdo perfectamente todo lo que dijo.

8 de abril

Ayer me sentí triste; triste y aburrido. Y esta mañana al levantarme estaba ya medio decidido a marcharme de Florencia, pero cuando salí a la calle, junto al Arno, y miré arriba y abajo —miré el río amarillo y las colinas violetas—, entonces decidí que me quedaba; o más bien no decidí nada. Simplemente permanecí allí, admirando la belleza de Florencia, y antes de haber podido saciar mi mirada ya había recuperado mi buen humor y era demasiado tarde para ponerme en camino hacia Roma. Seguí paseando por la ribera, y entonces ocurrió algo que recompensó mi decisión de quedarme. Me detuve frente a una pequeña joyería, en cuyo escaparate estaban expuestos en ese momento una gran cantidad de objetos hechos de mosaico; y allí permanecí durante varios minutos. No sé la razón, porque no me gusta el mosaico. En ese momento llegó una niña y se quedó parada junto a mí; una niña pequeña, con una de esas desaliñadas cabezas italianas, llevando una cesta. Me di la vuelta para irme y, en el momento de hacerlo, mis ojos fueron a posarse sobre la cesta. Estaba cubierta con una servilleta, y en ésta, clavado con un alfiler, había un trozo de papel con una dirección escrita. La dirección retuvo mi mirada: había en ella un nombre que yo conocía. Estaba escrita con una gran claridad, manifiestamente por un escribano que había intentado compensar con celo su falta de habilidad: «Contessa Salvi-Scarabelli, Via Ghibellina», rezaba la nota. Me quedé mirándola unos momentos, y aquello me provocó una emoción repentina. En ese momento la niña, percatándose de mi atención, levantó la vista y clavó en mí, perpleja, un par de tímidos ojos pardos.

—¿Llevas la cesta a la Condesa Salvi? —pregunté.

La niña me miró fijamente.

—A la Condesa Scarabelli.

—¿Conoces a la Condesa?

—¿Conocerla? —murmuró la pequeña, con un ligero aire de consternación.

—Quiero decir que si la has visto.

—Sí, la he visto. —Y entonces, en un instante y con una repentina y dulce sonrisa—: *E bella!* —dijo la pequeña, y era ella misma hermosa al decirlo.

—Exactamente. ¿Y es rubia o morena?

La niña seguía mirándome de hito en hito.

—*Bionda, bionda* —contestó, mirando la dorada luz del sol en busca de comparación.

—¿Y es joven?

—No es joven, como yo. Pero no es vieja como... como...

—Como yo, ¿eh? ¿Y está casada?

La pequeña empezó a dar muestras de recelo.

—Yo nunca he visto al *signor Conte.*

—¿Y vive en la Via Ghibellina?

—*Sicuro*. En un precioso palacio.

Tenía todavía otra pregunta más para ella, que anuncié con unas monedas de cobre.

—Dime alguna cosa más: ¿es buena?

La niña inspeccionó durante unos instantes el contenido de su pequeña palma morena.

—Es usted quien es bueno —contestó.

—Ya, pero ¿la condesa? —repetí.

Mi pequeña informante bajó sus grandes ojos pardos con un aire de concienzuda meditación de originalidad indescriptible.

—A mí me lo parece —dijo al fin, alzando la mirada.

—Ah, entonces debe serlo —dije—, porque para tu edad eres una niña muy inteligente.

Y una vez pronunciado mi elogio me alejé de allí mientras la pequeña contaba sus *soldi*.

Volví caminando al hotel preguntándome cómo podría enterarme de más cosas sobre la Condesa Salvi-Scarabelli. En la entrada me encontré con el posadero, al que acompañaba un joven, que inmediatamente reconocí como compatriota, y con el que, aparentemente, había estado conversando.

—Quizá pueda usted proporcionarme cierta información —le dije al dueño—. ¿Sabe algo acerca del Conde Salvi-Scarabelli?

El hombre se miró las botas y con una melancólica sonrisa se encogió de hombros:

—Mi querido señor, lamento mucho...

—¿Pero sabe cómo se llama?

—Sé con toda seguridad cómo se llama. Pero no conozco al caballero.

Pude ver que mi pregunta había atraído la atención del joven inglés, pues me dirigió una mirada cargada de viveza. Aparentemente satisfecho con lo que veía, se decidió a hablar:

—El Conde Scarabelli ha muerto —dijo, muy gravemente.

Lo miré durante un momento: un joven agradable.

—¿Y su viuda vive —observé— en la Via Ghibellina?

—Puede que ése sea el nombre de la calle.

Quizás fuera un joven agradable, pero también algo envarado; se estaba preguntando quién era yo, y qué es lo que quería, aunque me concedió el honor de percibir que, en lo tocante a esos puntos, mi apariencia era tranquilizadora. Sin embargo dudaba, muy acertadamente, en hablar con un completo desconocido sobre una dama que él conocía, pero no poseía el arte de disimular su indecisión. Instantáneamente percibí la singularidad del hecho de que aunque él me consideraba a mí como un perfecto desconocido, yo no tenía esa misma sensación respecto a él. Tanto si ello fuera debido a que yo ya lo había visto antes, o simplemente porque su agradable rostro juvenil me había llamado poderosamente la atención, el caso es que sentí, como dicen por aquí, que *había conexión* con él. Si lo he visto antes ya no me acuerdo en qué ocasión, y tampoco, parece, se acuerda él; supongo que esto es solamente parte del sentimiento que llevo teniendo los tres últimos días sobre todas las cosas. Fue este sentimiento el que me hizo comportarme, repentinamente, como si lo conociera desde hacía mucho tiempo.

—¿Conoce a la Condesa Salvi? —pregunté.

Él me miró un momento y entonces, sin molestarse por la desenvoltura de la pregunta, dijo:

—Querrá decir a la Condesa Scarabelli.

—Sí —contesté yo—; ella es la hija.

—La hija es una niña pequeña.

—Ahora ya debe haber crecido. Debe de tener (déjeme ver) unos treinta años.

El joven inglés comenzó a sonreír.

—¿De quién está usted hablando?

—Estaba hablando de la hija —dije, comprendiendo el motivo de su sonrisa—. Pero estaba pensando en la madre.

—¿En la madre?

—En una persona que conocí hace veintisiete años, la mujer más encantadora que jamás he conocido. Era la Condesa Salvi, y vivía en una maravillosa vieja casa de la Via Ghibellina.

—¡Una maravillosa vieja casa! —repitió el joven inglés.

—Tenía una niña pequeña —continué—, y la niña era muy rubia, como la madre; y madre e hija tenían el mismo nombre: Bianca —me detuve y me quedé mirando a mi acompañante, y éste se ruborizó ligeramente—. Y

Bianca Salvi —seguí— era la mujer más encantadora del mundo. —Él se ruborizó un poco más, y yo apoyé mi mano en su hombro—. ¿Sabe por qué le digo todo esto? Porque usted me recuerda a mí mismo cuando la conocí; cuando la amé.

El pobre joven me miraba con una suerte de avergonzada y fascinada extrañeza, y yo proseguí:

—Digo que ésa es la razón por la que le cuento esto, pero usted pensará que es una extraña razón. Me recuerda a mí mismo cuando era joven. No tiene por qué molestarse, yo era un joven encantador. La Condesa Salvi así lo creía. Su hija piensa lo mismo de usted.

Inmediatamente, instintivamente, alzó su mano hacia mi brazo:

—¿De verdad?

—¡Ah, es usted tan increíblemente parecido a mí! —dije yo, riendo—. Ése era precisamente mi estado de ánimo. Deseaba enormemente agradarle.

Él dejó caer la mano y desvió la mirada, sonriendo pero con un aire de ingenua confusión que avivó mi interés por él.

—No sabe qué pensar de mí —proseguí—. No sabe por qué un extraño se dirige de repente a usted en estos términos, pretendiendo leer sus pensamientos. Sin duda cree que estoy un poco chiflado. Quizá sea un excéntrico, pero no tanto como puede parecer. He viajado por todo el mundo a causa de mi profesión, que es la de militar. He estado en la India, en África, en Canadá, y he vivido mucho tiempo solo. Eso, creo, hace a la gente proclive a caer en confidencias repentinas. Llegué hace una semana a Italia, donde yo había pasado seis meses cuando tenía su misma edad. Vine directamente a Florencia: estaba impaciente por volverla a ver, debido a los recuerdos; recuerdos que se apiñan en torno a mí con tal densidad... Me he tomado la libertad de revelarle algunos de ellos.

El joven se inclinó ligeramente, en silencio, como tocado por un repentino respeto. Inmóvil, dirigió la mirada un momento hacia el río y las montañas.

—Es muy hermoso —dije yo.

—Oh, es encantador —murmuró.

—Así es como solía hablar yo. Pero eso no le importa.

Él volvió la vista hacia mí de nuevo.

—Todo lo contrario; me gusta oírlo.

—Bien, entonces demos un paseo. Si piensa también quedarse en esta pensión entonces somos compañeros de viaje. Paseemos bajando por el Arno hacia el parque de los Cascine. Hay varias cosas que me gustaría preguntarle.

El joven inglés asintió con un aire de confianza casi filial y estuvimos caminando durante una hora junto al río y por los sombreados senderos de esas bellas colinas. Hablamos mucho; no soy sólo yo mismo, sino todas mis circunstancias las que parecen repetirse.

—¿Le gusta mucho Italia? —pregunté yo.

Él dudó un momento.

—Uno no puede expresar algo así.

—Eso mismo; yo tampoco podía expresarlo. Solía intentarlo; solía escribir versos—. En lo que respecta a Italia era muy ridículo.

—Entonces yo también soy ridículo —dijo mi acompañante.

—No, mi querido muchacho —contesté yo—. No somos ridículos; somos dos personas superiores y muy razonables.

—La primera vez que uno viene, como yo lo he hecho, es una revelación.

—Oh, me acuerdo bien; uno nunca lo olvida. Es una introducción a la belleza.

—Y debe ser un gran placer volver —dijo mi joven amigo.

—Sí, afortunadamente la belleza sigue estando ahí. ¿En cuál de sus manifestaciones la prefiere? —pregunté.

Mi acompañante pareció un poco desconcertado; por fin dijo:

—Me gustan mucho las pinturas.

—Lo mismo que a mí. Y entre las pinturas, ¿cuáles de ellas le gustan más?

—Oh, muchas.

—A mí también; pero yo tenía mis favoritas.

De nuevo el joven pareció dudar un momento, y entonces confesó que el grupo de pintores que prefería, en conjunto, a todos los demás, era el de los primitivos florentinos. Esto me dejó tan impresionado que me detuve bruscamente.

—¡Ésa era exactamente mi preferencia!

Entonces pasé mi mano por su brazo y seguimos nuestro camino.

Nos sentamos en un viejo banco de piedra en los Cascine donde, presidiendo sobre nosotros, un solemne Hermes de mirada vacía y arrugas acentuadas por el polvo de los siglos escuchaba nuestra conversación.

—La Condesa Salvi murió hace diez años —dije.

Mi acompañante admitió haber oído a su hija decirlo.

—Después de conocerla volvió a casarse de nuevo —añadí—. El Conde Salvi murió antes de que yo llegara a conocerla; un par de años después de la boda.

—Sí, eso había oído.

—¿Y qué otras cosas ha oído?

Mi acompañante me miró sorprendido; era evidente que no había oído nada.

—Era una mujer muy interesante: de ella se podrían decir muchas cosas. Más tarde, quizás, le diga algunas. ¿Posee la hija el mismo encanto?

—Olvida usted —dijo el joven, sonriendo—, que yo nunca vi a la madre.

—Muy cierto. Sigo confundiéndome. Pero la hija, ¿hace cuánto tiempo que la conoce?

—Sólo desde que estoy aquí. Muy poco tiempo.

—¿Una semana?

Durante unos instantes no dijo nada.

—Un mes.

—Ésa es exactamente la respuesta que yo hubiera dado. Una semana, un mes; a mí todo me parecía lo mismo.

—Creo que es más de un mes —dijo el joven.

—Serán probablemente seis. ¿Cómo llegó a conocerla?

—Mediante una carta; una misiva de presentación que me dio un amigo mío en Inglaterra.

—La analogía es completa —dije yo—.

Aunque el amigo que me dio mi carta de presentación para Madame de Salvi murió hace muchos años. Él también sentía una gran admiración por ella. No sé cómo no se me ocurrió nunca pensar que su hija podría estar viviendo en Florencia. De alguna manera di por supuesto que todo se había acabado. Nunca pensé en la pequeña; nunca supe lo que había sido de ella. Ayer, mientras caminaba, pasé por delante del palacio y pude ver que estaba habitado; pero di por supuesto que había cambiado de manos.

—La Condesa Scarabelli lo aportó en dote a su marido —dijo mi amigo.

—¡Espero que lo supiera apreciar! Hay una fuente en el patio interior, y más allá un encantador y viejo jardín. El salón de la Condesa tiene vistas a ese jardín. Las escaleras son de mármol blanco, y hay un medallón del artista Luca della Robbia incrustado en el muro, a la altura del recodo. Antes de entrar en el salón se aguarda un momento en una gran sala abovedada con muros cubiertos de tapicerías ajadas, pavimentada con baldosas a la vista y amueblada sólo con tres butacas. En el salón cuelga, por encima de la chimenea, un extraordinario Andrea del Sarto. Los muebles están tapizados en verde mar. Mi acompañante iba escuchando todo esto.

—El Andrea del Sarto sigue allí; es magnífico. Pero los muebles están tapizados en rojo pálido.

—Ah, los han cambiado; claro, en veintisiete años...

—Y hay un retrato de Madame de Salvi —siguió mi amigo.

Me quedé callado durante un momento.

—Me gustaría poder verlo.

Él también se quedó en silencio. Entonces preguntó:

—¿Por qué no va y lo ve? Si conocía tan bien a la madre, ¿por qué no va a ver a la hija?

—Lo que usted me dice me da miedo.

—¿Qué es lo que he dicho que pueda haberlo asustado?

Contemplé brevemente su ingenuo rostro.

—La madre era una mujer muy peligrosa.

El joven inglés empezó a sonrojarse de nuevo.

—La hija no lo es —dijo.

—¿Está completamente seguro?

No contestó que estaba seguro, pero poco después preguntó de qué manera la Condesa Salvi había sido peligrosa.

—No debe preguntarme eso —contesté yo—, porque, al fin y al cabo, me gustaría recordar sólo lo bueno que había en ella.

Y mientras volvíamos le rogué que me hiciera el favor de mencionar mi nombre a su amiga, y de decirle que había conocido mucho a su madre, y que pedía permiso para ir a verla.

9 de abril

He vuelto a ver al pobre muchacho otra media docena de veces, y no hay duda de que es un joven de lo más afable. Sigue representando para mí, de una forma realmente extraordinaria, todo lo que yo era de joven; la similitud es perfecta en todos los sentidos, salvo en que él es mejor muchacho de lo que yo era. Por lo visto está vivamente interesado en su Condesa, y lleva casi la misma vida con ella que yo llevaba con Madame de Salvi. Va a verla todas las tardes, y se queda allí la mitad de la noche; estos florentinos tienen unos horarios verdaderamente extraordinarios. Recuerdo que hacia las tres de la madrugada Madame de Salvi solía echarme de la casa. «*Vamos, vamos*» decía, «*ya es hora de irse. Si se queda más tiempo la gente podría empezar a hablar.*» No sé a qué hora vuelve el muchacho, pero supongo que sus veladas le parecerán tan cortas como a mí me parecían las mías. Hoy me ha traído un mensaje de su Condesa: unas palabras de lo más gentiles. Recuerda haber oído a su madre hablar de mí a menudo: ella me llamaba «su amigo inglés». Tiene a todos los amigos de su madre en gran estima, y ruega que le conceda el honor de ir a verla. Siempre pasa las veladas en casa. El pobre joven Stanmer (pertenece a los Stanmer de Devonshire: grandes terratenientes) reprodujo estas palabras literalmente; claro, qué puede a él importarle ni lo más mínimo que este pobre y canoso soldado magullado, lo bastante viejo como para ser su padre, pueda ir a visitar a su *innamorata*. Y sin embargo bien recuerdo lo mucho que solía importarme a mí cuando otros hombres venían; ése es un punto que nos distingue. Pero creo que es sólo porque soy viejo. A los veinticinco yo no hubiera tenido miedo de mí mismo con cincuenta y dos. Camerino tenía treinta y cuatro... ¡y luego estaban los otros! Ella siempre pasaba las veladas en casa, y ellos siempre solían ir. Todos tenían antiguos nombres florentinos. Pero ella solía dejarme que me quedara más tarde que ninguno de ellos; pensaba que un antiguo nombre inglés valía por lo menos lo mismo. ¡Qué notable coqueta!... Pero *basta così*, como solía decir ella. Tenía intención de ir esta noche a Casa Salvi, pero al final no he conseguido decidirme. No sé de qué tengo miedo; antes solía tener bastante prisa en llegar. Supongo que tengo miedo del propio aspecto de las cosas: de las viejas salas, de los viejos muros. Mañana por la noche iré. Me asustan hasta los mismos ecos.

10 de abril

Ella tiene un parecido de lo más extraordinario con su madre. Cuando fui me sorprendió tremendamente; me quedé allí parado, mirándola fijamente. Ahora mismo acabo de regresar a casa; es más de medianoche, he pasado toda la velada en Casa Salvi. Hace mucho calor —tengo la ventana abierta—, puedo ver el río deslizándose bajo la luz de las estrellas. También antaño, cuando volvía a casa, solía quedarme mirando por la ventana de esta manera. En las colinas del otro lado siguen estando los mismos cipreses.

El pobre Stanmer estaba allí, y también otros tres o cuatro admiradores más; todos ellos se levantaron cuando yo entré. Creo que han estado hablando de mí, y que desperté cierta curiosidad. Pero ¿por qué tendrían que hablar de mí? Todos eran más bien jóvenes; ninguno tenía mi edad. Ella es el vivo retrato de su madre; no conseguía sobreponerme. Hermosa como su madre, y sin embargo con los mismos defectos en el rostro; pero con el mismo y perfecto óvalo, y sus ojos pardos y comprensivos, casi compasivos. Su semblante tiene exactamente la misma peculiaridad que el de su madre; el cual, de todos los rostros humanos que he conocido, es el que podía pasar más rápida y completamente de una expresión de alegría a otra de reposo. El reposo en su rostro siempre sugería tristeza; y mientras uno lo observaba con una especie de temor reverencial, preguntándose cuál era su trágico secreto, se encendía, en un instante, con una radiante sonrisa italiana. Esta noche, sin embargo, las sonrisas de la Condesa Scarabelli se han encendido de manera casi ininterrumpida. Me dio la bienvenida —maravillosamente, como su madre solía hacerlo—; y el joven Stanmer estaba sentado en la esquina del sofá —como yo solía hacerlo—, observándola mientras hablaba. Es delgada y muy rubia, e iba vestida de un ligero y vaporoso negro que completaba el parecido.

La casa, las habitaciones, son casi las mismas; es posible que algunos detalles hayan cambiado, pero sin llegar a modificar el efecto general. Los mismos valiosos cuadros cuelgan de las paredes del salón; el mismo oscuro y grandioso fresco en el techo cóncavo. Supongo que la hija no es rica; no más de lo que lo había sido la madre. Los muebles están desgastados, descoloridos, y un solo criado me recibió en la entrada, sosteniendo ante mí una parpadeante y delgada vela mientras ascendíamos por las grandes y oscuras escaleras de mármol.

—He oído hablar de usted muchas veces —dijo la Condesa mientras me sentaba a su lado—; mi madre hablaba a menudo de usted.

—¿A menudo? —contesté—. Me sorprende.

—¿Por qué le sorprende? ¿Acaso no eran buenos amigos?

—Sí, durante cierto tiempo muy buenos amigos. Pero estaba seguro de que me habría olvidado.

—Nunca lo olvidó —dijo la Condesa, mirándome fijamente y sonriendo—. Ella no era así.

—Ella no era de ninguna manera como la mayoría de las mujeres —declaré yo.

—Ah, era encantadora —exclamó la Condesa, abriendo su abanico con un ligero ruido—. Siempre he tenido curiosidad por verlo. Me habían transmitido de usted cierta impresión.

—Espero que buena.

Ella me miró, riendo, sin contestar a esto último; exactamente el mismo truco que su madre.

—Solía llamarlo «mi inglés», *«il mio Inglese»*.

—Espero que hablara amablemente sobre mí —insistí.

La Condesa, aún riendo, se encogió ligeramente de hombros balanceando su mano de un lado a otro:

—Así así; siempre he creído que se habían peleado. ¿No le importará que le hable de este modo, con franqueza, ¿eh?

—Me encanta; me recuerda a su madre.

—Todo el mundo me dice eso. Pero yo no soy inteligente, como ella. Eso puede comprobarlo por sí mismo.

—Lo que acaba de decir —dije yo— completa el parecido. Ella siempre pretendía no ser inteligente, cuando en realidad...

—En realidad era un ángel, ¿eh? Entonces, para escapar de peligrosas comparaciones, admitiré que soy inteligente. Eso nos hará diferentes. Pero hablemos de usted; es usted muy... ¿cómo lo diría?: muy excéntrico.

—¿Es eso lo que su madre le dijo?

—A decir verdad ella hablaba de usted

como de un hombre muy original. ¿Pero acaso no son todos los ingleses excéntricos? ¡Todos excepto aquél! —Y la Condesa señaló al pobre Stanmer, en su esquina del sofá.

—Oh, yo sé exactamente lo que es —dije.

—Es tan tranquilo como un corderito, es como todo el mundo —exclamó la Condesa.

—Como todo el mundo, sí. Está enamorado de usted.

Ella me miró, repentinamente grave.

—No me importa en absoluto que diga eso, pero sí me importa por él.

—Bueno —continué—, es especial al menos en una cosa: le tiene un poco de miedo.

Inmediatamente ella empezó a sonreír, y volvió su rostro hacia Stanmer. Éste había visto que estábamos hablando de él; se sonrojó y se puso en pie, dirigiéndose hacia nosotros.

—Me gustan los hombres que no le temen a nada —dijo nuestra anfitriona.

—Ya sé lo que quiere —le dije a Stanmer—. Quiere saber lo que la *signora* Condesa dice sobre usted.

Stanmer la miró directamente a los ojos, muy gravemente:

—Me importa un bledo lo que diga.

—Se ha puesto usted casi a la altura de la *signora* Condesa —contesté yo—. Ella declara que le importa un comino lo que usted piense.

—¡Muy del estilo de la Condesa! —exclamó Stanmer, dándose la vuelta y alejándose.

—Uno podría pensar —dijo la Condesa— que estaba usted intentando que nos peleáramos.

Lo observé mientras se alejaba hacia otra parte del gran salón, se paraba frente al Andrea del Sarto y se quedaba mirándolo. Pero no lo miraba; escuchaba lo que pudiéramos decir nosotros. También así me había detenido yo en muchas ocasiones.

—No sería capaz de pelearse con usted, de la misma manera que yo no hubiera podido pelearme con su madre.

—Ah, pero usted lo hizo. Algo doloroso ocurrió entre los dos.

—Sí, fue doloroso, pero no fue una disputa. Un día me fui y nunca más volví a verla. Eso fue todo.

La Condesa me miró gravemente.

—¿Cómo lo llamaría si un hombre hace eso?

—Depende del caso.

—A veces —dijo la Condesa en francés— es una *lâcheté.*[1]

—Sí, y a veces un acto de sabiduría.

—Y a veces —replicó la Condesa— es un error.

Negué con la cabeza.

---

[1] Cobardía.

—Para mí no fue un error.

Ella volvió a reír.

—*Caro signore*, qué increíblemente original es usted. ¿Qué le hizo mi pobre madre?

Miré hacia nuestro joven inglés, quien todavía nos daba la espalda mientras observaba con fijeza el cuadro.

—Se lo diré en otro momento —dije.

—Tengo toda la intención de recordárselo; siento mucha curiosidad por saberlo. —Entonces abrió y cerró su abanico dos o tres veces, sin dejar de mirarme; ¡hay qué ver qué ojos tienen!—. Dígame algo —siguió—, si puedo preguntarle sin ser indiscreta. ¿Está casado?

—No, *signora Contessa.*

—¿Y eso, al menos, no sería un error?

—¿Parezco muy infeliz?

Ella inclinó la cabeza ligeramente hacia un lado.

—¡Para ser inglés, no!

—Ah —dije yo, riendo—, es usted casi tan inteligente como su madre.

—Y me han dicho que es un gran soldado —siguió ella— y que ha vivido en la India. Es muy amable por su parte haberse acordado de nuestra pobre Italia estando tan lejos.

—Uno siempre se acuerda de Italia; la distancia no cambia nada. ¡Bien me acuerdo del día en que me enteré de la muerte de su madre!

—¡Ah, qué gran desgracia! —dijo la Condesa—. No pasa un día sin que llore por ella. Pero, *che vuole?* Es una santa en el paraíso.

—*Sicuro* —contesté yo; y durante un momento permanecí mirando al suelo—. Pero hábleme de usted, querida señora —pregunté al fin, alzando la vista—. También ha tenido la desgracia de perder a su marido.

—Como puede ver, soy una pobre viuda.

Che vuole? Mi marido murió después de tres años de matrimonio.

Esperé un momento a que añadiera que el difunto Conde Scarabelli también era un santo en el paraíso, pero esperé en vano.

—Lo mismo que su distinguido padre —dije.

—Sí, él también murió joven. No puede decirse que llegara a conocerlo; no tenía más edad que la que mi pequeña tiene ahora. Razón de más para que llore por él.

De nuevo me quedé en silencio unos instantes.

—También fue en la India —dije por fin— donde me enteré del segundo matrimonio de su madre.

La Condesa arqueó las cejas.

—¡Parece que uno se entera de todo en la India! ¿Le alegró la noticia?

—Bueno, ya que me lo pregunta: no.

—Eso lo entiendo —dijo la Condesa, mirando el abanico abierto—. Yo no volveré a casarme de esa manera.

—Eso es lo mismo que su madre me dijo —me aventuré a señalar.

No se había ofendido, pero se levantó de su asiento y permaneció en pie mirándome durante unos momentos. Entonces exclamó:

—¡No debería haberse marchado!

Me quedé durante una hora más; es una casa muy agradable. Dos o tres de los hombres allí sentados tenían un aspecto muy cortés e inteligente; uno de ellos, un comandante de ingenieros, me ofreció una gran profusión de información sobre la nueva organización del ejército italiano. Pero mientras hablaba, yo observaba a nuestra anfitriona, que hablaba con los otros; muy poco —me di cuenta— con su joven *inglese*. Es realmente encantadora, rebosante de franqueza y libertad, de esa inimitable desenvoltura que en una mujer inglesa resultaría vulgar, pero que en ella es simplemente la perfección de una aparente espontaneidad. Sin embargo, a pesar de toda su espontaneidad es tan sutil como el extremo de una aguja, y sabe perfectamente lo que se trae entre manos. Si no es una consumada coqueta... entonces, ¿qué le pasaba por la cabeza cuando me dijo que no debería haberme marchado?

El pobrecito Stanmer no se ha ido. Allí lo he dejado a medianoche.

12 de abril

Hoy me lo he encontrado sentado dentro de la iglesia de Santa Croce, a la que había ido a parar escapando del calor del sol.

En la penumbra de la nave se estaba fresco; él permanecía inmóvil, con la mirada fija en el resplandor de las velas del altar mayor, pensando, estoy seguro, en su incomparable condesa. Me senté junto a él, y tras esperar unos momentos como queriendo evitar parecer impaciente, me preguntó si había disfrutado de la visita a la Casa Salvi, y qué me había parecido la *padrona*.

—Se me ocurren media docena de cosas —dije—, pero sólo le puedo decir una ahora: es una hechicera. El resto se lo diré cuando hayamos salido de la iglesia.

—¿Una hechicera? —repitió Stanmer, mirándome con desconfianza.

Es un joven muy simple, pero ¿quién soy yo para reprochárselo?

—Una seductora —dije yo—, ¡una fascinadora!

Él se dio la vuelta, mirando fijamente las velas del altar.

—Una artista; una actriz —seguí yo, bastante brutalmente.

Él volvió a clavar sus ojos en mí.

—Creo que ya me lo ha dicho todo —dijo.

—No, no, hay más. —Y permanecimos sentados largo rato en silencio.

Finalmente propuso que saliéramos a la calle, donde las sombras habían comenzado a alargarse.

—No entiendo qué quiere decir con eso de que es una actriz —dijo mientras regresábamos.

—Ya me lo imagino. Tampoco yo lo hubiera sabido si alguien me lo hubiera dicho a mí.

—Usted está pensando en la madre —dijo Stanmer—. ¿Por qué siempre está metiéndola a *ella* en todo?

—Mi querido muchacho, la analogía es tan grande que me obliga a ello.

Se detuvo y se quedó mirándome con su modesto y perplejo rostro juvenil. Pensé que iba a exclamar: «¡Al cuerno con la analogía!», pero tras un momento dijo:

—Bueno, ¿y eso qué prueba?

—No puedo decir que pruebe nada, pero sí que sugiere muchas cosas.

—Sea tan amable de mencionar alguna de ellas —dijo, mientras seguíamos caminando.

—Usted mismo no está muy seguro de ella —empecé.

—Eso no tiene importancia; continúe con su analogía.

—Eso es parte de ella. Usted *está* muy enamorado.

—Y supongo que eso también es parte de la analogía, ¿no?

—Sí, ya se lo había dicho en otra ocasión. Está enamorado y sin embargo no sabe qué pensar de ella; así estaba yo exactamente respecto a Madame de Salvi.

—¿Y también era una hechicera, una actriz, una artista y todo lo demás?

—Era la coqueta más perfecta que jamás

he conocido, y también la más peligrosa, por consumada.

—¿Entonces quiere decir que su hija es una perfecta coqueta?

—Creo que sí.

Stanmer siguió caminando a mi lado en silencio durante un rato.

—Teniendo en cuenta que usted supone que soy un... un gran admirador de la Condesa —dijo al fin—, me sorprende bastante la libertad que se toma al hablar de ella.

Confieso que yo mismo estaba sorprendido de tal libertad.

—Lo hago sólo en razón del interés que me inspira usted.

—¡Le estoy inmensamente agradecido! —dijo el pobre muchacho.

—Ah, por supuesto no le gusta. Quiero decir, le gusta mi interés (no veo cómo podría evitar que eso le gustase), pero no le gusta la libertad que me tomo. Es bastante natural; mi querido y joven amigo, yo sólo quiero ayudarlo. Si un hombre me hubiera dicho (hace tantos años) lo que yo le estoy diciendo a usted, sin duda yo también hubiera pensado, en un principio, que era un bruto. Pero al cabo le hubiera estado agradecido; hubiera sentido que me estaba ayudando.

—Usted parece haber sido perfectamente capaz de ayudarse a sí mismo —dijo Stanmer—. Me dijo que se había marchado.

—Sí, pero a costa de una infinita perplejidad, de lo que podría llamar un profundo sufrimiento. Me gustaría poder evitarle todo eso.

—No puedo más que repetir que es muy amable por su parte.

—No lo repita demasiado a menudo, o empezaré a pensar que no lo dice de verdad.

—Bueno —dijo Stanmer—, en cualquier caso pienso lo siguiente: que usted está asumiendo una extraordinaria responsabilidad al intentar poner a un hombre a salvo de la vanidad de una mujer que, según él, podría hacerlo muy feliz.

Lo cogí del brazo y nos detuvimos, continuando nuestra conversación como una pareja de florentinos.

—¿Quiere casarse con ella?

Él desvió la mirada, evitando encontrarse con mis ojos.

—Es una gran responsabilidad —repitió.

—¡Por Dios que yo me hubiera casado con la madre! —exclamé—. Está usted exactamente en mi misma situación.

—¿No le parece que exagera un poco la analogía? —preguntó el pobre Stanmer.

—Un poco más, un poco menos, no tiene importancia. Creo que está en mi misma situación. Por supuesto, si lo prefiere le pediré mil perdones y dejaré que se lo lleven a donde quieran.

Él había estado mirando a otra parte, pero en ese momento giró lentamente la cabeza y me miró a los ojos.

—Ha ido demasiado lejos como para retirarse ahora. ¿Qué es lo que sabe de ella?

—De ella, nada. Pero de la otra...

—¡La otra no me importa nada!

—Mi querido amigo —dije—: son madre e hija; se parecen como dos Madonas de Andrea del Sarto.

—Si se parecen, entonces es que simplemente usted se equivocó con respecto a la madre.

Lo cogí del brazo y seguimos caminando; no parecía haber respuesta apropiada a semejante acusación.

—Su estado de ánimo me traslada al mío propio tan completamente... —seguí diciendo—; usted la admira, la adora, y sin embargo, en su fuero interno, desconfía de ella. Está bajo el hechizo de su encanto personal, su gracia, su ingenio, su todo; y sin embargo, en lo más profundo de su corazón tiene miedo de ella.

—¿Miedo de ella?

—Su desconfianza siempre acaba aflorando; no puede librarse de la sospecha de que, en el fondo, ella es dura y cruel, y usted se sentiría enormemente aliviado si alguien pudiera convencerlo de que sus sospechas son acertadas.

Stanmer no contestó directamente a esto, pero antes de que llegáramos al hotel dijo:

—¿De qué llegó a enterarse respecto a la madre?

—Es una historia terrible —contesté.

Él me miró con desconfianza.

—¿Qué es lo que hizo?

—Venga a mi habitación esta noche y se lo diré.

Él declaró que vendría, pero no lo hizo. ¡Actuó de la misma manera en que yo lo hubiera hecho!

14 de abril

Ayer por la noche volví a ir a Casa Salvi, donde me encontré con el mismo pequeño círculo de invitados, salvo por la novedad de una pareja de señoras. Stanmer se encontraba allí, esforzándose por hablar con una de ellas aunque, estoy seguro, con muy poco resultado. La Condesa... bueno, la Condesa estuvo admirable. Me dio la bienvenida como se la daría a un amigo de hace diez años con el que la familiaridad no hubiera degenerado en falta de ceremonia; me hizo sentar junto a ella, e hizo no sé cuántas preguntas acerca de mi salud y mis ocupaciones.

—Vivo en el pasado —dije—. Entro en galerías, en viejos palacios y en las iglesias. Hoy he pasado una hora en la capilla Miguel Ángel de San Lorenzo.

—Ah, sí, eso es el pasado —dijo la Condesa—. Esas cosas tienen muchos años.

—Veintisiete —contesté yo.

—¿Veintisiete? *Altro!* [2]

—Me refiero a mi propio pasado —dije—. A muchos de esos lugares fui con su madre.

—Ah, los cuadros son preciosos —murmuró la Condesa, mirando hacia Stanmer.

—¿Ha visto recientemente alguno de ellos? —pregunté—. ¿Ha ido a alguna galería con *él*?

Ella vaciló un momento, sonriendo.

—Me parece que su pregunta es un poco impertinente. Pero supongo que usted es así.

—¿Un poco impertinente? Nunca. Como he dicho, su madre me concedió el honor de acompañarme, en más de una ocasión, a los Uffizzi.

—Mi madre debió de ser muy amable con usted.

—Así me lo pareció entonces.

---

[2] «Altro!» significa en este caso: «¡No me haga reír!»

—¿Sólo entonces?

—Bueno, si lo prefiere, así me lo parece ahora.

—*Eh* —dijo la Condesa—, ella se sacrificó.

—¿En qué, *cara Signora*? Era perfectamente libre. Su malogrado padre estaba muerto, y ella no había contraído aún sus segundas nupcias.

—Si tenía intención de volver a casarse, razón de más para que hubiera sido prudente.

La miré un momento; ella me miró a los ojos gravemente, seriamente encima de su abanico.

—¿Es *usted* muy prudente? —dije.

Ella dejó caer el abanico con cierta violencia.

—¡Oh!, sí, es usted un impertinente!

—¡Oh!, no —dije—. Recuerde que soy lo suficientemente viejo como para ser su padre, que la conocí cuando no tenía más que tres años. Probablemente pregunto demasiadas cosas. Pero tiene razón, uno debe ser justo con su madre. Ella pensaba con toda seguridad en su segundo matrimonio.

—¡Y usted no se lo ha perdonado! —dijo la Condesa, muy seriamente.

—¿Lo ha hecho usted? —pregunté con un tono más ligero.

—Yo no juzgo a mi madre. Eso es pecado mortal. Mi padrastro fue muy bueno conmigo.

—Me acuerdo de él —dije—. Lo vi muchas veces; su madre ya lo recibía entonces.

Mi anfitriona siguió sentada con los ojos bajos, sin decir nada; entonces levantó la mirada.

—Fue muy infeliz con mi padre.

—Eso no me cuesta mucho creerlo. Y su padrastro, ¿vive todavía?

—Murió; antes que mi madre.

—¿Llegó a batirse en más duelos?

—Murió en uno —dijo la Condesa, sobriamente.

Puede parecer casi monstruoso, sobre todo porque no tengo razón para ello, pero esta noticia en lugar de impresionarme me provocó un extraño regocijo. Con toda seguridad, y después de tantos años, ya no siento ningún rencor por aquel hombre. Ni que decir tiene que controlé mis modales, y que simplemente hice notar a la Condesa que en su error había hallado su castigo. Creo, sin embargo, que ese mismo sentimiento que he mencionado es lo que me llevó a decirle que esperaba que, al contrario que el de la madre, su propio y breve matrimonio hubiera sido feliz.

—Si no lo fue —dijo—, ya lo he olvidado.

Me pregunto si el malogrado Conde Scarabelli murió también en el duelo, y si el adversario...

¿Está también escrito que su adversario deba perecer por arma de fuego? Me pregunto cuál de esos caballeros será. ¿Es el destino del pobrecito Stanmer meterle una bala en el cuerpo? No; el pobrecito Stanmer, espero, hará lo mismo que hice yo. Y sin embargo, por desgracia para él, esta mujer es sumamente convincente. La pasada noche estuvo extraordinariamente amable, en verdad irresistible. Tanta franqueza y libertad, sin perder por ello ese algo dulce y femenino; tanta elegante alegría, tanta brillantez sin el menor rastro de rigidez, cuánta educación y, por encima de ello, todo pintorescamente simple y sureño. Es una perfecta italiana. Pero lo ha conseguido honestamente. Tras la conversación que acabo de anotar se cambió de sitio, y durante media hora la tertulia se hizo más general. Stanmer habló realmente muy poco; en parte, supongo, porque le da vergüenza hablar en un idioma extranjero. ¿Era yo así, estaba tanto tiempo callado? Supongo que lo estaba cuando me sentía desconcertado, y Dios sabe cuán a menudo mi desconcierto era extremo. Antes de marcharme tuve la ocasión de cruzar unas palabras *en tête-à-tête* con la Condesa.

—Espero que no se marche ya de Florencia —dijo—. ¿Se quedará un poco más?

Respondí que había venido sólo por una semana, y que mi semana se había acabado.

—A partir de ahora retraso mi partida de día en día; me interesa tanto todo...

—Eh, es un momento hermoso. ¡Me alegro de que nuestra ciudad le guste!

—Florencia me gusta... y tengo un interés paternal en nuestro joven amigo —añadí, lanzando una mirada hacia Stanmer—. Empiezo a encariñarme con él.

—*Bel tipo inglese* —dijo mi anfitriona—. Y es muy inteligente; sus pensamientos son limpios.

Permaneció allí de pie, posando su sonrisa y sus límpidos y expresivos ojos sobre mí.

—No me gusta alabarlo demasiado —repliqué—, no vaya a parecer que me alabo a mí mismo, con lo mucho que me recuerda lo que era yo a su edad. Si su hermosa madre pudiera volver a la vida durante una hora, podría ver el parecido.

Ella me miró con ojos divertidos.

—¡Y sin embargo usted no se parece en absoluto a él!

—Ah, usted no me conoció cuando tenía veinticinco años. ¡Era muy apuesto! Y, además, no se trata sólo de eso; se trata del parecido mental. Yo era ingenioso, cándido, confiado, como él.

—¿Confiado? ¡Recuerdo que mi madre me dijo en una ocasión que usted era el más desconfiado y celoso de los hombres!

—Me volví desconfiado, pero en un principio yo no era en absoluto propenso a pensar mal. Me costaba mucho imaginar cosas malas de nadie.

—¿Significa eso que el señor Stanmer se encuentra en un momento de desconfianza?

—Bueno, quiero decir que su situación es la misma que la mía.

La Condesa me dirigió una de sus miradas serias.

—Está bien —me dijo—. ¿Cuál era esa famosa situación suya? Ya le he oído mencionarla antes.

—Su madre se lo habrá dicho, ya que en ocasiones me concedió el honor de hablar sobre mí.

—Lo único que mi madre me dijo es que usted era... un triste misterio para ella.

Por supuesto al oír esto me eché a reír; todavía me río mientras lo escribo.

—Bueno, pues entonces ésa era mi situación... un triste misterio para una mujer muy inteligente.

—¿Quiere usted decir, por lo tanto, que yo soy un misterio para el pobre señor Stanmer?

—Se está devanando los sesos intentando comprenderla. Recuerde que fue usted quien dijo que era inteligente.

Ella giró la vista hacia él y, por uno de esos caprichos del destino, su aspecto en esos momentos confirmaba en buena medida mi afirmación. Estaba repantingado en su butaca con un aire de indolencia quizás demasiado acusado para un salón, y miraba fijamente al techo con la expresión de un hombre al que en ese preciso momento han planteado un acertijo. Madame Scarabelli pareció impresionada por su actitud.

—¿No ve que no es capaz de resolver el enigma? —dije yo.

—Usted mismo decía —contestó— que él era incapaz de pensar mal de nadie. Me apenaría que estuviera pensando mal de *mí*.

Y me miró directamente a los ojos —seria, atractiva—, con su hermosa y despejada frente.

Me incliné, sonriendo, de una manera que podría haber querido decir: ¿Cómo podía ser eso posible?

—Lo tengo en gran estima —siguió ella—; quisiera que pensara bien de mí. Si soy un misterio para él, entonces hágame un pequeño favor. Explíqueme ante él.

—¿Explicarla, querida señora?

—Usted es mayor y más sabio. Haga que me comprenda.

Me miró profundamente a los ojos durante un momento, y entonces se fue.

26 de abril

No he escrito nada durante muchos días, pero entretanto he estado media docena de veces en Casa Salvi. También he visto bastante a mi joven amigo, he paseado y charlado bastantes veces con él. Le he propuesto que venga conmigo a Venecia quince días, pero no quiere ni oír hablar de la idea de dejar Florencia. A pesar de sus dudas, es muy feliz, y tengo que confesar que percibiendo su felicidad he revivido la mía propia. Tanto es así que, cuando el otro día se decidió por fin a pedirme que le contara en qué manera Madame de Salvi se había portado mal conmigo, lo que hice más bien fue frenar su curiosidad. Le dije que si se empeñaba en saberlo se lo diría, pero que me parecía una pena, justo ahora, complacerse en imágenes dolorosas.

—Pero yo creía que usted quería a toda costa ponerme a salvo de la vanidad de nuestra amiga.

—Admito que no estoy siendo coherente, pero tengo varias razones para ello. En primer lugar, es obvio, me expongo a que se me declare culpable de la acusación de doble juego. Confieso mi admiración por la Condesa Scarabelli, puesto que acepto su hospitalidad, pero al mismo tiempo estoy intentando envenenar sus pensamientos, querido Stanmer: ¿no es ése el término correcto? No soy capaz de decidirme exactamente sobre ello, aunque mi admiración por la Condesa y mi deseo de impedirle que dé un mal paso son igualmente sinceros. Y en segundo lugar, ¡usted me parece, en conjunto, tan feliz! Uno duda en destruir una ilusión (sin importar si es perniciosa), que es tan agradable mientras dura. Esos son los momentos especiales de la vida. Ser joven y ardiente, inmerso en la primavera italiana, creyendo en la perfección moral de una mujer hermosa: ¡qué situación tan admirable! Déjese llevar por la corriente; yo me quedaré en la orilla vigilándolo.

—Su verdadera razón es que se da cuenta de que realmente no tiene nada contra la pobre señora —dijo Stanmer—. Usted la admira tanto como yo.

—Ahora mismo acabo de admitir que la admiro. Yo nunca dije que se tratara de una vulgar coqueta; su madre era una perfecta coqueta *científica*. ¡Dios sabe cuánto admiraba yo esa ciencia! Sin embargo, es un algo bueno que a uno le pese tanto la conciencia por no advertir a un joven amigo sobre una mujer peligrosa, y eso porque uno mantiene también relaciones de cortesía con la señora.

—En ese caso —dijo Stanmer—, yo rompería esas relaciones.

Lo miré, y creo que también me reí.

—¿Está celoso de mí, por casualidad?

Sacudió la cabeza enfáticamente.

—En absoluto. Me gusta verlo allí porque su conducta contradice sus palabras.

—Siempre he dicho que la Condesa es fascinante.

—Si no fuera así, en el caso del que estaba hablando, yo avisaría a la señora.

—¿Avisarla?

—Le diría que tiene usted sospechas sobre ella, y que se propone hacer todo cuanto esté en su poder para rescatar a un joven ingenuo de sus artimañas. Eso sería más honesto. —Y comenzó a reírse de nuevo.

No es la primera vez que se ríe de mí; pero nunca me ha importado, porque siempre lo he entendido.

—¿Es eso lo que me recomienda que diga a la Condesa? —pregunté.

—¡Recomendarle! —exclamó, riendo de nuevo—. Yo no recomiendo nada. Puede que yo sea la víctima que ha de ser rescatada, pero al menos no soy cómplice de la conspiración. De todas formas —añadió al momento—, la Condesa conoce su opinión.

—¿Se lo ha dicho?

Stanmer vaciló.

—Me ha rogado que escuche todo lo que tenga usted que decir en contra de ella. Declara que tiene la conciencia limpia.

—¡Ah —exclamé—, qué mujer tan consumada!

Y ciertamente es muy inteligente por su parte adoptar semejante actitud. Después Stanmer me ha asegurado explícitamente que él nunca le ha dado la menor indicación de las libertades que yo me he tomado hablando de —¿cómo debería llamarla?—... de su naturaleza moral; ella las ha adivinado por sí misma. Debe de odiarme intensamente, ¡y sin embargo sus modales conmigo siempre han sido tan encantadores...! Verdaderamente, ¡qué mujer tan consumada!

4 de mayo

Me he mantenido alejado de Casa Salvi durante una semana, pero he permanecido en Florencia bajo el influjo de una mezcla de impulsos. No volver a acercarme a la Condesa es algo que me pesaba sobre la conciencia; y, sin embargo, desde el momento en que sabe lo que pienso de ella, estamos en guerra declarada. No hay necesidad de que ninguna de las dos partes sienta escrúpulos. Ella es tan libre de utilizar todas las artes a su alcance para enredar aún más al pobre Stanmer, como yo de cortar sus redes tan perfectamente tejidas. Así las cosas, empero, lo natural es que no hubiera cordialidad en nuestros encuentros. Pero en lo que respecta a las redes, ¿por qué debería cortarlas, después de todo? Sería realmente muy interesante ver al pobre Stanmer engullido por ellas. Me gustaría ver cómo lo digiere él una vez que ella lo haya devorado (por cierto, ¡a qué vulgar colección de imágenes queda reducido un hombre por su curiosidad!). Dejemos que él mismo termine la historia a su manera, lo mismo que yo la terminé a la mía. Es la misma historia; pero, ¿por qué, un cuarto de siglo después, ha de volver a tener el mismo desenlace? Dejemos que él provoque su propio desenlace.

5 de mayo

Qué demonios; no quiero que el pobre muchacho sea desgraciado.

6 de mayo

Ah, pero ¿acaso mi propio desenlace ha resultado de ser tan feliz?

7 de mayo

Ayer por la noche, ya tarde, vino a mi habitación; estaba muy nervioso.

—¿Qué es lo que ella le hizo? —preguntó.

Le contesté primero con otra pregunta:

—¿Se ha peleado con la Condesa?

Pero él se limitó a repetir la suya:

—¿Qué es lo que ella le hizo?

—Siéntese y se lo diré. —Y se sentó allí, junto a la palmatoria, mirándome fijamente—. Había un hombre que siempre estaba allí: el Conde Camerino.

—¿El hombre con el que se casó?

—El hombre con el que se casó. Yo estaba muy enamorado de ella, y sin embargo no confiaba en ella. Estaba seguro de que mentía; creía que podía ser cruel. Pero a veces tenía un encanto tal que convertía todo intento de ser consciente de sus faltas en pura pedantería. Y mientras duraban esos momentos, yo hubiera hecho cualquier cosa por ella. Por desgracia no duraban mucho. Pero usted sabe a lo que me refiero; ¿no estoy acaso describiendo a la Scarabelli?

—¡La Condesa Scarabelli nunca ha mentido! —gritó Stanmer.

—¡Eso es exactamente lo que yo le hubiera dicho a cualquiera que lo hubiera insinuado! Pero supongo que no me está haciendo la pregunta que me acaba de hacer sólo por curiosidad desapasionada.

—¡Un hombre puede querer saber! —dijo el inocente muchacho.

No pude evitar reírme.

—De cualquier manera, ésta es mi historia. Camerino estaba siempre allí; era una especie de mobiliario en la casa. Si algún momento de antipatía tuve hacia la encantadora Bianca, tuve siempre momentos de antipatía hacia él. Y sin embargo era un tipo muy agradable, muy cortés, muy inteligente, en absoluto dispuesto a pelearse conmigo. El problema, por supuesto, era sencillamente que yo estaba celoso de él. Pero no sé con qué motivo hubiera podido pelearme con él, porque yo no tenía ningún derecho a ello. No puedo decir qué esperaba; no puedo decir lo que, tal como estaban las cosas, yo estaba dispuesto a hacer. Con mi nombre y mi posición hubiera podido perfectamente ofrecerle matrimonio. No estoy seguro de que ella lo hubiera aceptado; no tengo claro en absoluto que ella lo quisiera. Pero lo que sí quería, y muy vivamente, era atarme; quería tenerme a su alrededor. Yo hubiera sido capaz de dejarlo todo: Inglaterra, mi carrera, mi familia, sólo para dedicarme a ella, vivir cerca de ella y verla todos los días.

—Y entonces, ¿por qué no lo hizo? —preguntó Stanmer.

—¿Por qué no lo hace usted?

—Para que fuera una contestación adecuada a mi pregunta —dijo, bastante ingeniosamente—, la suya tendría que hacerse dentro de veinticinco años.

—Sigue siendo verdad que en un momento dado hubiera sido capaz de hacer lo que he dicho. Eso es lo que ella quería: un joven inglés con una posición, sensible y crédulo permanentemente a su lado. Y sin embargo —añadí—, tengo que ser enteramente justo con ella. Creo sinceramente que me apreciaba.

Al oír esto Stanmer se levantó y se acercó a la ventana; se quedó mirando por ella durante un momento, y entonces se dio la vuelta.

—Ya sabe que ella era mayor que yo —continué—. Madame Scarabelli es también mayor que usted. Un día, mientras estábamos en el jardín, su madre me preguntó con tono enfadado que por qué no me gustaba Camerino (porque yo no me había tomado ninguna molestia en ocultar mis sentimientos hacia él, y algo que acababa de ocurrir en ese momento había traído el tema a colación). *«No me gusta»* dije, *«por lo mucho que a usted le gusta.» «Le aseguro que no me gusta»*, respondió ella. *«Pues tiene toda la apariencia de ser su amante»*, repliqué yo. No hay duda de que la afirmación era un poco brutal, pero cualquier otro hombre en mi lugar también la hubiera hecho. Ella se lo tomó de una manera de lo más extraña; se puso pálida, pero no se indignó. *«¿Cómo podría ser mi amante, después de lo que ha hecho?»*, preguntó. *«¿Qué ha hecho?»* Ella dudó durante un buen rato, y al fin dijo: *«Él mató a mi marido»*. *«¡Santo Dios»*, grité yo, *«y aún lo recibe!»* ¿Sabe lo que dijo ella? Dijo: «Che vuole?»

—¿Es eso todo?

—No. Siguió diciendo que Camerino había matado al Conde Salvi en un duelo, y admitió que los celos de su marido habían sido la causa de éste. Al parecer el Conde era un monstruo de celos —le había dado a ella una vida horrible—, y mientras tanto él mismo había sido todo menos irreprochable; había causado un perjuicio espantoso a un hombre del que pretendía ser amigo, y el asunto era de dominio público. El caballero en cuestión había reclamado que su honor ultrajado fuese satisfecho, pero por una u otra razón (la Condesa, todo hay que decir, no me dijo que su marido fuera un cobarde), aún no la había obtenido. El duelo con Camerino se celebró antes; en un acceso de furia debido a los celos, el Conde había golpeado a Camerino en la cara, y este ultraje, no sé si con razón o no, se consideró que tenía que ser lavado antes que el otro. Por un acuerdo de lo más extraordinario (los italianos no tienen el más mínimo sentido del *fair play*) se permitió al otro hombre, al primer ofendido, ser el testigo de Camerino. El duelo se celebró con espadas, y el Conde recibió una estocada que, si bien en un principio no se pensó que fuera fatal, lo llevó a la muerte al día siguiente. Se echó tierra al asunto lo más posible para preservar el buen nombre de la Condesa; y hasta tal punto fue así que se llegó a observar entre el público la creencia de que había sido el otro hombre el que había atravesado a Monsieur de Salvi con su espada. A este caballero se le antojó no desmentir la impresión general, y así llegó a perpetuarse la idea. Por supuesto, mientras el otro consintiera, para Camerino era mejor no contradecirlo, porque ello le dejaba mucha más libertad para mantener su intimidad con la Condesa.

Stanmer había estado escuchando todo esto con la máxima atención.

—¿Por qué no lo desmintió *ella?*

Me encogí de hombros.

—Quiero creer que por la misma razón. En todo caso yo estaba horrorizado con toda la historia. Estaba extremadamente escandalizado ante la falta de dignidad de la Condesa, que seguía viéndose con el hombre cuya mano había acabado con su marido.

—El marido había sido un hombre brutal; y nadie sabía la verdad —dijo Stanmer.

—El que no se supiera no cambia nada. Y en cuanto a lo de que Salvi fuera un bestia, eso no es más que una manera de decir que su mujer y el hombre con el que su mujer se casó luego no lo apreciaban.

Stanmer parecía en extremo meditativo; sus ojos estaban fijos en los míos.

—Sí, es difícil sobreponerse a una boda así. No fue muy apropiado.

—¡Ah! —dije yo—. ¡Menudo respiro cuando me enteré! Me acuerdo del lugar y de la hora. Fue en una estación de montaña en la

India, siete años después de haber dejado Florencia. El correo me había traído algunos periódicos ingleses, y en uno de ellos había una carta de Italia con una buena cantidad de eso que llaman «ecos de sociedad». Allí, entre escándalos de la alta sociedad y otras delicias del estilo, leí que la Condesa Bianca Salvi, famosa durante varios años en su calidad de anfitriona del salón de la gente más interesante de Florencia, estaba a punto de conceder su mano en matrimonio al Conde Camerino, un distinguido boloñés. ¡Ah, mi querido muchacho, de buena había escapado! ¡Había estado dispuesto a casarme con una mujer capaz de algo semejante! Pero mi instinto me había avisado, y yo confié en él.

—¡«El instinto lo es todo», como dice Falstaff! —Y Stanmer empezó a reír—. ¿Le dijo a Madame de Salvi que su instinto le prevenía contra ella?

—No; le dije que ella me asustaba, me escandalizaba, me horrorizaba.

—Viene a ser lo mismo. ¿Y ella qué dijo?

—Ella me preguntó que qué quería. Yo dije que su amistad con Camerino era un escándalo, y ella contestó que su marido había sido una bestia. Además, nadie lo sabía, por tanto no era ningún escándalo. ¡Exactamente *su* mismo argumento, Stanmer! Yo repliqué que ése era un razonamiento detestable, y que ella no tenía sentido moral. Tuvimos una vehemente discusión, y yo declaré que nunca más la volvería a ver. En el acaloramiento de mi disgusto me fui de Florencia y mantuve mi palabra. Nunca más volví a verla.

—No debía de estar muy enamorado de ella —dijo Stanmer.

—No lo estaba... tres meses después.

—Si lo hubiera estado hubiera vuelto... tres días después.

—¡Tan seguro le parece! Todo lo que puedo decir es que fue el esfuerzo más grande de mi vida. Como soldado en ocasiones he tenido que enfrentarme al enemigo. Pero no fue en esos momentos cuando necesité toda mi determinación; fue cuando dejé Florencia en un coche de postas.

Stanmer dio dos o tres vueltas a la habitación, y entonces dijo:

—¡No lo entiendo! No entiendo por qué tuvo que decirle que Camerino había matado a su marido. Eso sólo podía perjudicarla.

—Temía que le perjudicara aún más el que yo pensara que era su amante. Ella deseaba decirme aquello que más pudiera convencerme de que él no era su amante, de que nunca podría serlo. Y además quería apuntarse el mérito de ser muy sincera.

—¡Santo Dios, cuánto debe haberla analizado! —exclamó mi acompañante, mirándome con perplejidad.

—No hay nada más analítico que el desencanto. Pero ahí lo tiene. Se casó con Camerino.

—Sí, no pretendo negar ese hecho —dijo Stanmer. Permaneció silencioso un momento, y entonces añadió—: Quizás no lo hubiera hecho si usted se hubiera quedado.

¡Pero qué manera más inocente tiene de decir las cosas!

—Muy probablemente hubiera prescindido de la ceremonia —contesté secamente.

—¡Caramba —dijo él—, *cómo* la ha analizado!

—Debería estarme agradecido. Yo he hecho por usted lo que parece incapaz de hacer por sí mismo.

—Yo no veo a ningún Camerino en mi caso —dijo.

—Quizá yo pueda encontrarle uno entre todos esos caballeros.

—¡Gracias —exclamó— pero ya lo haré yo mismo!

Y con esto se fue... Convencido, espero.

10 de mayo

No es más que un pequeño desgraciado testarudo; me irrita ver cómo se obstina en el asunto. Quizás está buscando a su Camerino. De cualquier manera, lo voy a abandonar a su suerte. Está empezando a hacer un calor insoportable.

11 de mayo

Esta noche he ido a despedirme de la Scarabelli. No había nadie más; estaba sola en su gran y oscuro salón, iluminado únicamente por un par de velas y con las inmensas ventanas abiertas sobre el jardín. Estaba vestida de blanco; estaba diabólicamente hermosa. Me preguntó, cómo no, por qué había estado tanto tiempo sin ir.

—Creo que eso sólo lo dice por guardar las apariencias —contesté—. Me imagino que ya lo sabe.

—*Che!* ¿Qué he hecho?

—Nada en absoluto. Es demasiado lista para eso.

Ella me miró durante unos momentos.

—Creo que está un poco loco.

—Ah, no; demasiado cuerdo es lo que estoy. Me sobra juicio, más que faltarme.

—De cualquier modo, usted tiene lo que podríamos llamar una idea fija.

—Eso no tiene nada de malo, mientras sea buena.

—¡Pero la suya es abominable! —exclamó ella, con una carcajada.

—Es natural que no le guste yo, o mis ideas. Pensándolo bien, usted me ha tratado con una amabilidad extraordinaria, y eso se lo agradezco y le beso la mano. Mañana me voy de Florencia.

—¡No diré que lo siento! —dijo ella, riendo de nuevo—. Pero me alegra mucho haberlo conocido. Siempre me hice preguntas sobre su persona. Es usted una curiosidad.

—Sí, estoy seguro de que debo parecérselo. ¡Un hombre que puede resistirse a sus encantos! Pero la verdad es que no puedo. Esta noche está encantadora, y es la primera vez que estoy a solas con usted.

Ella no hizo caso de este último comentario y se alejó. Pero al momento volvió, y se quedó parada frente a mí, mirándome, y sus preciosos y solemnes ojos parecían brillar en la penumbra de la habitación.

—¿*Cómo* pudo tratar a mi madre de esa manera? —preguntó.

—¿Tratarla de qué manera?

—¿Cómo pudo abandonar a la mujer más encantadora del mundo?

—No se trataba de un caso de abandono; y si lo hubiera sido, tengo la impresión de que pronto se consoló.

En ese momento se oyó un ruido de pasos en la antecámara, y vi que la Condesa se había dado cuenta de que eran los de Stanmer.

—Eso no hubiera ocurrido —murmuró—. Mi pobre madre necesitaba un protector.

Stanmer entró interrumpiendo nuestra conversación, mirándome, pensé, con un aire ligeramente desafiante. Debe de pensar que soy un pesado, un fastidioso entrometido; caramba, pensándolo bien, estoy asombrado de su docilidad. Después de todo, tiene veinticinco años —¡y sin embargo, tengo que decir que *realmente* me irrita esa manera que tiene de insistir! Al momento entraron tras él dos o tres de los italianos de costumbre, y yo abrevié la visita.

—Adiós, Condesa —dije, y ella me dio la mano en silencio—. ¿Y usted, necesita un protector? —añadí suavemente.

Ella me miró de la cabeza a los pies, y entonces contestó, casi con enojo:

—Sí, *Signore.*

Pero, como para contarrestar su enfado, sostuve su mano unos momentos, incliné mi venerable cabeza y la besé. Creo que eso la apaciguó.

BOLOÑA, 14 de mayo

Me fui de Florencia el día 11, llevo aquí tres días. Antigua ciudad italiana realmente preciosa; pero le falta el encanto de mi secreto florentino.

Mi última anotación en este diario data de hace cinco días, ya tarde por la noche, tras mi regreso de Casa Salvi. Después me quedé dormido en la butaca; cuando me desperté había transcurrido ya la mitad de la noche. En lugar de irme a la cama me quedé largo rato mirando por la ventana, observando el río. Era una noche agradablemente templada y tranquila, y ya se veían en el cielo los primeros y débiles rayos de sol del amanecer. En ese instante oí el sonido de unos pasos lentos bajo la ventana y, mirando hacia abajo distinguí, a la luz de una farola, a Stanmer que volvía al hotel en ese preciso momento. Lo llamé y le dije que subiera a mi habitación en la que, al cabo de unos momentos, hizo su aparición.

—Quería despedirme de usted —dije—. Me voy por la mañana. No se tome la molestia de decir que lo siente; por supuesto que no lo siente. Debo haberlo incordiado considerablemente.

Él no intentó decir que lo sentía, pero declaró que se alegraba mucho de haberme conocido.

—Su conversación —dijo, con su pequeño aire inocente— ha sido muy sugerente.

—¿Ha encontrado a su Camerino? —pregunté yo, sonriendo.

—He abandonado la búsqueda.

—Bueno —dije—, algún día, cuando se dé cuenta del gran error que ha cometido, recuerde que yo se lo advertí.

Por un momento tuvo el aspecto de

alguien que está intentando anticiparse a ese día mediante el ejercicio de la razón.

—¿Alguna vez se le ha ocurrido pensar que *usted* podría haber cometido un gran error?

—Oh, sí, a uno se le llega a ocurrir todo, tarde o temprano.

Eso es lo que yo le dije; pero no dije que la pregunta, encarnada en su cándido y joven semblante, había tenido, en ese momento, más fuerza de la que nunca antes había tenido.

Y entonces me preguntó si, tal y como habían salido las cosas, yo mismo había sido tan especialmente feliz.

PARÍS, 17 de diciembre

Una nota del joven Stanmer, al que conocí en Florencia; una singular y breve nota, fechada en Roma y que vale la pena transcribir:

«Mi querido General,

tengo el placer de informarle que hace una semana me casé con la Condesa Salvi-Scarabelli. Usted llegó verdaderamente a confundirme con sus palabras; pero un mes después todo estaba muy claro. Las cosas que implican un riesgo son como la fe cristiana; tienen que verse desde dentro. Siempre suyo, E.S.

P.D.- ¡Al diablo con las analogías, a menos que pueda encontrar una analogía para mi felicidad!»

Su felicidad le hace ser muy ingenioso. Espero que dure; quiero decir su ingenio, no su felicidad.

LONDRES, 19 de abril de 1877

La pasada noche, en casa de Lady H., me encontré con Edmund Stanmer, el que se casó con la hija de Bianca Salvi. Había oído el otro día que habían llegado a Inglaterra. Un apuesto joven, con un fresco rostro satisfecho. Me recordó Florencia, y yo no he pretendí haberla olvidado; pero todo resultó un poco violento, porque recordaba cuánto había despreciado a esa mujer ante él. Yo había elaborado toda una teoría sobre ella. Pero él no mostró la menor frialdad; al contrario, pareció disfrutar con nuestro encuentro. Le pregunté si su esposa estaba allí. Tenía que hacerlo.

—Oh, sí, está en otra de las salas. Venga conmigo a que se la presente; quiero que la conozca.

—Se olvida de que yo ya la conozco.

—Oh, no, no la conoce; nunca lo hizo. —Y soltó una pequeña carcajada llena de sobreentendidos.

Yo no tenía muchas ganas de enfrentarme con la *ci-devant* Scarabelli en esos momentos, así que dije que estaba a punto de marcharme, pero que sería para mí un honor ir a visitar a su esposa en persona. Hablamos durante un minuto más o menos, y entonces, interrumpiéndose repentinamente y mirándome, posó la mano sobre mi brazo. Para ser justos tengo que decir que tiene un aspecto feliz.

—¡Puede estar seguro de haberse equivocado! —dijo.

—Mi querido y joven amigo —contesté—, no sabe con cuánta presteza le doy la razón.

Dijimos algo más, pero al cabo de un instante volvió a repetir sus palabras:

—Puede estar seguro de haberse equivocado.

—Estoy seguro de que la Condesa me habrá perdonado —dije—, y en ese caso no debe usted guardarme rencor. Como he tenido el placer de decirle, iré a visitarla en cuanto pueda.

—No estaba refiriéndome a mi esposa —contestó—. Estaba pensando en su propia historia.

—¿Mi propia historia?

—Hace tantos años. ¿No fue más bien un gran error?

Lo miré durante unos momentos; definitivamente está sonrosado.

—Esa no es una cuestión que pueda resolverse en una reunión mundana londinense llena de gente.

Y me alejé de allí.

22 de abril

Todavía no he ido a visitar a la *ci-devant*; tengo miedo de encontrarla en casa. Y las palabras del muchacho resuenan en mis oídos —*«Puede estar seguro de haberse equivocado»*—.

¿No habrá sido quizá un error? ¿Me equivoqué? ¿*Fue* un error? ¿Fui demasiado prudente; demasiado suspicaz, demasiado lógico? ¿Era realmente un protector lo que ella necesitaba, un hombre que la hubiera ayudado? ¿Se habría beneficiado él de haber creído en ella, y fue la única falta de la Condesa el que yo la hubiera abandonado? ¿Fue la pobre mujer muy infeliz? ¡Que Dios me perdone, cómo me invaden las preguntas! Si yo estropeé su felicidad, es seguro que tampoco hice la mía. Y podría haberla hecho, ¿eh? ¡Qué descubrimiento tan encantador para un hombre de mi edad!

Primera edición: noviembre de 2004

Título original: *The Diary of a Man of Fifty*

c/ Benito Gutiérrez, 8. 28008 Madrid
www.funambulista.net

ISBN: 84-934079-2-5
Dep. Legal: P-284/2004

Corrección de pruebas: Enrique Redel

Motivo de la cubierta:
«Schloß Kammer am Attersee II». Gustav Klimt; 1910
Impresión: Gráficas Zamart

Impreso en España